Wilhelm Gottfried Ploucquet

Nachtrag zu der Abhandlung von Veredlung der Wolle und Verbesserung des Schafstandes

Wilhelm Gottfried Ploucquet

Nachtrag zu der Abhandlung von Veredlung der Wolle und Verbesserung des Schafstandes

ISBN/EAN: 9783743433472

Hergestellt in Europa, USA, Kanada, Australien, Japan

Cover: Foto ©Lupo / pixelio.de

Manufactured and distributed by brebook publishing software (www.brebook.com)

Wilhelm Gottfried Ploucquet

Nachtrag zu der Abhandlung von Veredlung der Wolle und Verbesserung des Schafstandes

Nachtrag

zu der Abhandlung:

Von

Veredlung der Wolle

und

Verbesserung des Schafstandes

von

Dr. Wilh. Gottfr. Ploucquet

Professor der Medizin.

Tübingen

bey Jakob Friedrich Heerbrandt, 1785.

Nachdem meine kleine Abhandlung von Veredlung der Wolle, welche ich im zweyten Monat dieses Jahrs schrieb, von verschiedenen Freunden und Kennern der Schäferey gelesen und geprüft worden, so wurden mir gegen einige Behauptungen und Vorschläge Zweifel und Einwürfe gemacht, andere wurden gebilligt, wie denn kein Ding unter dem Sonnenwagen ist, das nicht wenigstens seine zwey Seiten, und seine verschiedene Gesichtspunkte hätte, aus dem man es betrachten kan: Und gerade solche Dinge und Lehren, von welchen man vermuthen sollte, daß sie durch Erfahrung ausser allen Streit gesezt werden könnten, sind Zweifeln und entgegengesezten sich durchkreuzenden Meynungen am meisten unterworfen; so auch

„ felbe in der heftigen Mittagshitze, und das
„ Ueberschlagen der Weiden ernstlich angegrif-
„ fen. Diesen Fehlern schreibe ich hauptsächlich
„ den Verfall unserer Schafzucht zu; ich habe
„ mir auch schon öfters Mühe gegeben, einzel-
„ ne Schäfer, und selbst meine eigene Pach-
„ ter von den nachtheiligen Folgen dieser Ge-
„ wohnheiten zu überzeugen. Allein eingewur-
„ zelte Vorurtheile, vermeintliches Privat-In-
„ teresse, hinderten die Würkung.

Wie äusserst nothwendig ist es also, diese Leute aufzuklären, wann es immer möglich ist, wiewohl ich da einer blosen Mohrenwäsche entgegen sehe, und sogar kaum von Beyspielen etwas ersprießliches hoffe, denn, wie unser Herr D. H. in seinen mit griechischem Salze durchwürzten vermischten Gedichten S. 54 sagt:

Denn Gott verzeih mir meine schwere Sünde,
Wenn ich es ganz unmöglich finde,
Daß je ein Beyspiel einen Menschen klüger
macht.

Würksamer würde es also immer seyn, wenn mein, in dem Vorberichte Fol. 7. gethaner Vorschlag

schlag zu Stande käme, welches zumal um so nothwendiger werden dürfte, wenn edle fremde Stähre, wie es jezo beschlossen ist, ins Land kommen: denn wenn auch alsdenn noch den Schäfern die Behandlung der Schafe im Ganzen überlassen bleiben sollte, so fürchte ich sehr, man werde auf Felsen säen.

Sollte ferner eine förmliche Obrigkeitliche Bekanntmachung und ein Reglement in Ansehung des kühlern Haltens der Schafe über Winter nicht würken? Kan man dieses nicht befehlen?

Noch nothwendiger aber scheint mir die Erbauung der vorgeschlagenen Schuppen auf den Schafweiden, S. 21. Diß könnte doch wohl den Communen zugemuthet, und unverzüglich ins Werk gesezt werden. Ein bischen Zwang gehörte vielleicht dazu, denn muß nicht der Unmündige zu seinem Besten gezwungen werden?

Gegen das Ueberschlagen der Weiden sind ja längst Ordnungen vorhanden, und der Landzahlmeister ist deswegen aufgestellt: Sollte man nicht statt der geringen darauf gesezten Strafe, wenige wenigſtens bey der Zuchtwaar die Conſiscation der überflüßigen Stücke einführen? Diß allein würde würken.

Nun zu einigen Einwürfen des Hrn Hofraths:

Erſter Einwurf:

" Sie verwerfen S. 30 alle Wayden, wel-
„ che kein gutes Waſſer haben, ſo wie nach S.
„ 19 diejenigen, welche daran Mangel leiden,
„ und wollen an ſolchen Orten lieber das Schaf-
„ halten ganz aufgeben.

„ Wenn Sie, wie ich vermuthe, Waſſer,
„ das in weiten gegrabenen Löchern oder in klei-
„ nen Teichen vom Regen und Schnee geſam-
„ melt wird, und gemeiniglich ganz trüb iſt,
„ für nicht gut halten, ſo müßte nach jener
„ Stelle S. 30 ein groſſer Theil unſerer Alp-
„ wayden aufgehoben werden: Denn an man-
„ chen Orten bekommen die Heerden den gan-
„ zen Sommer keinen andern Tropfen zu ſehen,
„ weil die Ziſternen kaum für den häuslichen
„ Gebrauch hinreichen. Und doch nehmen die
„ Schafe davon keinen Schaden, wenn ſie nur
„ nicht

„nicht in der Hitze an solche Wasserbehälter
„oder Hulen, wie man sie dorten nennt, ge-
„trieben werden.

„Ich habe es selbst häufig bemerkt, daß
„dergleichen stehendes Wasser mit Insekten an-
„gefüllt war, ich verlohr aber dessen ungeach-
„tet, auf solchen Wayden öfters weniger Stücke
„von meinen Heerden, als auf andern mit gu-
„tem Wasser versehenen Plätzen. Woher mag
„wohl diß rühren! Glauben Sie nicht, daß
„etwa die Insekten eine durch die Nachtluft
„abgekühlt werdende Oberfläche verlassen, daß
„sie nur alsdenn wiederum darauf in Menge
„erscheinen, wenn die Sonne solche erwärmt,
„und daß also für die Schafe, wenn sie Mor-
„gens früh oder Abends spät getränkt werden,
„die Gefahr, wo nicht ganz verschwindet, we-
„nigstens doch viel geringer seyn mag. Könn-
„te nicht etwa dadurch die Besorgniß gänzlich
„entfernt werden, wenn die Schafe auf diese
„Art nur alle 3-4 Tage zum Wasser geführt,
„wenn ihnen zuvor Salz vorgelegt würde,
„welches von dem eingeschlukten Wasser aufe-
„gelößt,

„ gelöst, die Inſekten tödten könnte? Die Sa-
„ che verdienet würklich Aufmerkſamkeit: Denn
„ die Erfahrung bey ſo vielen Wayden, welche
„ gerade unter die beſten des Landes gezählt
„ werden, kan keinem Zweifel unterworfen ſeyn.

„ Ueberhaupt bin ich nicht der Meynung,
„ daß auf hochliegenden freyen und trockenen
„ Wayden Waſſer für die Schafheerden unent-
„ behrlich ſey. Der Thau iſt auf ſolchen nicht
„ ſo ſchädlich, als in tiefer liegenden Gegen-
„ den; die Schafe können alſo früh ausgetrie-
„ ben werden, und erhalten mithin durch das
„ benezte Gras hinlängliche Feuchtigkeit. Sie
„ haben ohnehin bey grünem Futter deren nur
„ wenig nöthig; wenigſtens hatte ich 6 Jahr
„ lang eine Schäfwayde auf dem Ahlbuch, von
„ einem 2 Stunden von Königsbronn gelegenen
„ Hof, Heſelſchwang genannt, im Pacht, auf
„ welchem meine Lämmer, denen ich die Wayde
„ allein beſtimmte, den ganzen Sommer nicht
„ zur Tränke getrieben wurden, weil das Waſ-
„ ſer-Behältniß im Umfang der Gebäude lag,
„ und durch dieſe Lage allzuſehr verunreinigt

A 5   „ wurde.

„ wurde. Deſſen ungeachtet blieben dieſe Thie-
„ re geſund und wuchſen ziemlich fort.

Es mag ſeyn, daß der Saz S. 30. zu trocken
und allgemein hingeworfen iſt, obſchon nicht zu
läugnen iſt, daß gutes Quellwaſſer eine für die
Schafe höchſt-erwünſchte Sache ſeyn müſſe.
Da aber nun einmal auf unſerer Alp bey manchen vortreflichen Wayden das gute Waſſer fehlt,
ſo iſt es freylich ein Glück, daß die Schafe ei-
nerſeits das Waſſer oft lange entbehren können,
wie denn die von Ew. angegebene Erfahrung
höchſtwichtig iſt, und als eine beweiſende That-
ſache angemerkt zu werden verdient, anderſeits
aber iſt doch nicht zu läugnen, daß die verſchiedene Waſſer-Inſekten, Amphibien, Larven
und anderer Unrath den Schafen manche Krankheit drohe: Schäffer in ſeiner Abhandlung von
den Egelſchnecken in den Lebern der Schafe, behauptet ſehr wahrſcheinlich, daß jene aus ſte-
henden ſumpfichten Waſſern in dieſe kommen.

„ Nach meinem unmaßgeblichen Dafürhal-
„ ten, ſagt er, kommen die Würmer der Scha-
„ fe von auſſen in ſolche. Man hat, wie Herr
Hanov

„ Hanov berichtet *), in den Lebern der Scha-
„ fe sogar Schnecken mit ihren Häusern ange-
„ troffen. Niemand wird jedoch behaupten wol-
„ len, daß diese Schnecken innerlich, und in
„ den Lebern, sich erzeuget hätten, sondern gar
„ gern einräumen, daß sie von auſſen hineinge-
„ kommen seyen. Eben dieses aber gilt auch
„ von diesen Schafwürmern, die man, wie die
„ Schnecken, obgleich, vielleicht aus Unacht-
„ samkeit, seltener, gleichfalls auſſer den Scha-
„ fen findet.

„ Ich kann mich hier auch schon auf das all-
„ gemeine Vorgeben berufen, daß die Schafe
„ öfters Würmer, oder Egeln, mit dem Grase
„ fressen; welchem alle alte Schriftsteller, und,
„ nebst diesen, Gesner, Aldrovand, Jon-
„ ston, und andere mehrere, beytreten. Es
„ ist wahr, daß manchmalen die Erzählungen
„ der Landleute ziemlich fabelhaft lauten; ins-
„ gemein aber, weil sie sich auf Erfahrungen
„ gründen, ist doch etwas Wahres dabey, und
„ dieses

*) Seltenh. der Natur und Oek. S. 202.

„ dieses läßt sich gar leicht von dem Falschen
„ absondern, und sich zeigen, worinnen der Ir-
„ thum, und worinnen die Wahrheit bestehe.

„ So erzählet zum Exempel Gesner, von
„ einem Franzosen gehört zu haben: daß, wann
„ die Schafe das Kraut fräßen, so man in der
„ Normandie *Duve* heisset, sie von demselben
„ Würmer in den Lebern bekämen; daher so gar
„ diese Würmer, und die von ihnen herrühren-
„ de Krankheit der Schafe, mit eben dem Na-
„ men dieses Krautes beleget würde *). Ges-
„ ner muthmaßet dabey, daß nach der, ihm
„ von diesem Kräute gemachten Beschreibung,
„ dasselbe eine Art des Wasserampfers, (lapa-
„ thum aquaticum) oder des Wasserwegerichs,
„ (plantago aquatica) sey. Und Herr Lin-
„ näus führet **) beyde Geschlechter dieser
„ Pflan-

*) Ein gleiches behaupten die Pariser Metz-
ger (Journal des Scavans Tom. II. an.
1668.) von dem Beschreykraute; und
der gemeine Mann in hiesiger Gegend
giebt das Egel - oder Pfenningkraut
(numularia) dafür an.

**) Pan Suecus.

„ Pflanzen als eine, den Schafen gar angeneh-
„ me Speise an. Da nun aber erstgedachte
„ Kräuter nur am Wasser, und an sumpfichten
„ Oertern wachsen, die Egeln und Wasserschne-
„ ken aber nicht weniger als die Schafe, solche
„ lieben, und sich haufenweise daran sezen; so
„ ist es sehr natürlich, daß, durch begieriges
„ Fressen dieser Kräuter, von den Schafen die
„ Würmer selbst mit verschlucket, und in sich ge-
„ fressen werden. Und in so weit ist jenes all-
„ gemeine Vorgeben allerdings gegründet.

„ Hiemit stimmt die oben angeführte, ein-
„ müthige Versicherung des Landmannes, auch
„ alter und neuer Schriftsteller, vollkommen
„ überein, nach welcher der nasse Sommer an
„ dieser Wurmkrankheit Schuld träget. Es läßt
„ sich hievon kein anderer Grund angeben, als
„ daß ausser den Schafen, nämlich in Gewäs-
„ sern, diese Würmer sich ursprünglich befinden.
„ Bey vielem Gewässer, werden auch viele der-
„ gleichen Würmer angetroffen; und wann die
„ Schafe in einem solchen nassen Sommer zur
„ Fütterung oder zur Tränke getrieben werden,
„ so

„ so ist bey durchgängiger Nässe und überall be-
„ findlichem Gewässer, nichts natürlicher, als
„ daß sie selbige mit dem Grase und der Trän-
„ ke, haufenweise in sich schlucken. Ich wer-
„ de unten Gelegenheit nehmen, von allen die-
„ sen Beweisen noch einen andern, hieher ge-
„ hörigen Gebrauch zu machen.

„ Indessen gesezt, es finden sich diese Wür-
„ mer ordentlicher Weise ausser den Schafen,
„ und sie seyen in ihnen und in ihren Lebern,
„ zufällig und widernatürlich; so ist die Fra-
„ ge, wie sie in die Leber kommen, und warum
„ man sie nur allein an diesem Orte antreffe?

„ Diese Frage ist nicht so kizlich und schwer,
„ als sie scheinen möchte. Ich habe gezeiget,
„ wie diese Würmer in den Magen der Schafe
„ kommen; und, meines Erachtens, können sie
„ nur durch zween Wege von da in die Leber
„ gelangen. Entweder geschiehet es alsdann
„ durch das Geblüte; oder es muß durch den
„ ordentlichen allgemeinen Lebergang (du-
„ ctus choledochus) geschehen.

Ersteres

„ Ersteres scheinet mir ganz unmöglich zu
„ seyn. Leeuwenhoek hat diesen Weg durchs
„ Blut dergestalt widerleget *), daß jedermann
„ seinen Beweis wird gelten lassen müssen.
„ Wenn man sich ein Ey, oder ein ausgeschlof=
„ fenes Würmgen, auch so klein vorstellen woll=
„ te, als der zweyhunderteste Theil eines Blut=
„ kügelgens ist; so würde es doch noch viel zu
„ groß seyn, als daß es durch die Drüsen ge=
„ hen könnte, wo das Blut abgesondert wird.
„ Dieses aber hat nicht einst bey diesen Wür=
„ mern Statt. Ihre Eyer können, wie oben er=
„ innert ist, mit blosen Augen gesehen werden,
„ und man hat sie also wohl für tausendmal
„ größer zu achten, als ein Blutkügelgen ist.
„ Um so viel unmöglicher ist es also, daß sie,
„ oder die Würmer, und durch den Umlauf des=
„ selben in die Gallengänge kommen sollten.

„ Viel natürlicher scheinet mir der andere
„ Weg, daß diese Würmer durch den allge=
„ meinen Uebergang in die Leber gebracht
                            „ werden,

*) Tom. I. Epist. de ortu & defluvio ca-
    pillorum. p. 39.

„ werden, oder daß sie sich vielmehr von selbst
„ dahin begeben. Ich werde erzählen, was ich
„ mir davon vor eine Vorstellung mache, die ich
„ zur Prüfung und Verbesserung, denen anheim
„ geben will, welche die innern Theile des Körs
„ pers besser, als ich, verstehen.

„ Ich seze voraus, und werde nachher erweis
„ sen, daß diese Würmer ordentlicher Weise
„ im Wasser wohnen. In nassen Sommern wird
„ ihre Fortpflanzung stärker erfolgen, mithin
„ auch ihre Anzahl an sehr vielen Orten ungleich
„ grösser seyn, als in dürren Jahrgängen. Es
„ ist daher auch, wie nur erst erwähnet ist, ganz
„ unvermeidlich, daß nicht die Schafe überall,
„ sowohl durch Saufen als durch Fressen, ge=
„ wisser, und sonderlich dererjenigen Wasser=
„ kräuter, die ich oben angeführt habe, und an
„ welche sich diese Wasserwürmer vorzüglich
„ gern ansezen, auch wohl ihre Eyer da anle=
„ gen, sie in sich, und zwar in sehr grosser Men=
„ ge, schlucken sollten. Diese Eyer, oder, wie
„ es mir wahrscheinlicher vorkommt, diese klei=
„ nen und grossen Wasserwürmer, kommen durch

„ den

„ den Schlund zuerst in den Magen; sie ge-
„ hen hierauf aus demselben mit den verdau-
„ ten Speisen in den Zwölffingerdarm über;
„ und sie würden mit ihnen Zweifels ohne
„ noch weiter gehen, wenn sie sich vermöge
„ ihrer Mäußlein, und schuppigen Drüsgen,
„ nicht anhängen könnten. Sie finden aber
„ hier im Anfange des Zwölffingerdarms wirk-
„ lich etwas, welches sie, solches zu thun,
„ bestimmet. Da diese Würmer auf Kräutern
„ sizen, die bitterlich sind, so ist zu vermu-
„ then, daß sie die Bitterkeit vor allen an-
„ dern Säften lieben, wie solches wenigstens
„ von dem Bandwurme ausser allem Wider-
„ spruch gesezet ist *). Sie werden sich also
„ diejenige Bitterkeit zu Nuze machen, die sie
„ in dem Anfange des Zwölffingerdarms spü-
„ ren. Selbige kommt, wie bekannt ist, von
„ dem allgemeinen Gallengange, der die Gal-
„ le, so in der Leber bereitet worden ist, all-
„ hier in den Zwölffingerdarm ausgießet. Es
„ ist natürlich, daß diese Würmer dieser Spur
„ folgen,

*) Linn. Differt. de Taenia.

„folgen. Sie versuchen sich durch diesen all-
„gemeinen Gallengang, zur Quelle der ihnen
„so angenehmen Bitterkeit durchzuzwingen.
„Sind sie aber einmal hier durch, so wird es
„ihnen alsdann desto weniger Mühe kosten,
„von da sich nach und nach in alle Gallen-
„gänge auszubreiten.

„Es ist zwar wahr, daß der allgemeine
„Gallengang etwas enge ist; allein er läßt
„sich auch ausdehnen; und es dürfen eben
„nicht Würmer von der gröſten Art seyn, die
„hier zuerst durchkriechen; über dem, habe
„ich schon gezeiget, daß sich diese Würmer
„insgesammt ungemein schmal und lang ma-
„chen können.

„Sind die Würmer einmal in der Leber;
„gewohnen sie ihr neues Quartier und ihre
„neue Nahrung: so werden sie wohl des na-
„türlichen Triebs der Fortpflanzung nicht ver-
„gessen. Ein jeder, wann er nicht gar schon
„befruchtet in die Leber gekommen ist, wird
„doch in derselben befruchtet werden, er wird

andere

„ andere befruchten, zugleich auch selbst ge-
„ bähren. Es werden also aus einem jegli-
„ chen in kurzer Zeit gar viele Tausende ent-
„ stehen. Diese werden sich vielleicht aufs
„ neue vermehren; und wer weiß, wie weni-
„ ge Zeit dazu gehöre, daß ein Wurm sein
„ Geschlecht in viele Tausende, und in wie
„ viele Glieder, ausbreite. Je mehr der Wür-
„ mer werden, desto grössern Raum müssen
„ sie haben; die Gallengänge werden nachge-
„ ben müssen; und, weil sie nicht mit Ge-
„ walt und auf einmal, sondern ganz allmäh-
„ lig ausgedehnet werden, so werden sie nicht
„ zerreissen, sondern nur nach und nach wei-
„ ter auseinander gehen.

„ Dieses ist die Vorstellung, welche ich
„ mir von dem Wege mache, den die Wür-
„ mer in die Lebern der Schafe nehmen. Es
„ kommt mir hiebey nicht nur der Beyfall ei-
„ nes großen Mannes, des oftgedachten Leeu-
„ wenhoeks *), zu statten, der eben diese
„ Meynung behauptet; sondern ich bin in
„ solcher

*) Tom. II. Epist. 222.

„ solcher auch dadurch bestärket worden, da
„ ich gefunden habe, daß in denenjenigen Gal-
„ lengängen, wo ein Wurm nicht Plaz hat
„ sich umzuwenden, auch nicht ein einiger mit
„ seinem Halse heraus, sondern allezeit hin-
„ einwärts gestecket hat; welches, meines Er-
„ achtens, lehret, daß wenigstens die erstern
„ dieser Würmer von auffen in die Gallengän-
„ ge eingetreten seyn müssen.

„ Ich komme auf den Beweis, daß diese
„ Würmer wirklich Wasserwürmer sind; wel-
„ ches ich oben vorerst unbewiesen voraus ge-
„ sezt habe.

„ Es ist von mir gezeiget, daß diese Wür-
„ mer wie Egeln kriechen; daß sie wie Was-
„ serschnecken sich fortpflanzen; daß sie, son-
„ derlich in nassen Sommern, in die Lebern
„ der Schafe und anderer Thiere kommen.
„ Alles dieses bestättiget schon, daß sie Was-
„ serwürmer seyn. Doch eine eigene Erfah-
„ rung sezet die Sache völlig auffer Zweifel.
„ Ich habe nicht nur vorlängst ähnliche Egel-

schnecken

„ſchnecken in den hieſigen Sümpfen und ſte-
„ henden Gewäſſern angetroffen; ſondern ich
„ habe auch eben diejenigen darinn gefunden,
„ die ich vor dem Jahre, und heuer, in den
„ Schafen bemerket habe. Das einemal wur-
„ den mir etliche aus einem, unter Domſtauf
„ liegenden Altwaſſer, oder blinden Arm der
„ Donau, mit der Badiaga, nach Haus ge-
„ bracht. Noch öfter aber habe ich dieſelben
„ bey der Gelegenheit hin und wieder mit mei-
„ nem Nezgen gefangen, und mit den Blät-
„ tern der kleinern Seeblume herausgezogen,
„ als ich vor ein paar Monaten mir Mühe
„ gab, die Polypen in unſern und den ſüſ-
„ ſen Waſſern unſerer Nachbarſchaft aufzuſu-
„ chen *). Ich zweifele auch ganz und gar
„nicht,

*) „ Ich bin ſo glücklich geweſen, ſowohl al-
„ le diejenigen Sorten Polypen hier an-
„ zutreffen, die Herr Trembley in einem
„ eigenen franzöſiſchen Tractate beſchrie-
„ ben hat, als auch noch 3 andere Gat-
„ tungen zu entdecken, davon 2 noch völ-
„ lig unbekannt zu ſeyn ſcheinen. Ich
„habe,

„nicht, daß man diese Würmer aller Orten
„in Wassern finden werde, wann man sich
„nur nach ihnen umsehen wird. Dieses ihr
„Daseyn im Wasser aber wird ein überzeu=
„gendes Merkmal abgeben, daß sie natürlich
„und eigentlich zum Wasser bestimmt seyen.
„Hoffentlich wird Niemand so seicht denken,
„daß die Würmer in diese Wasser nur von
„ungefähr, oder gar erst von den Schafen und
„aus ihren Lebern, hineingekommen wären.

„Diesem stehet nicht entgegen, daß dieje=
„nigen Schafwürmer, die aus Lebern genom=
„men, und ins Wasser geworfen werden,
„darinnen nicht lang leben; ob es gleich schei=
„net, daß, wenn sie von Natur Wasserwür=
„mer wären, dieses natürlicher Weise erfol=
„gen müßte. Denn, man darf nur überle=

„gen,
„habe, nachdem ich mit jeder Art aller=
„hand Versuche angestellet habe, diesel=
„ben insgesammt abmalen lassen; und
„sie sind zum Theile schon unter des Ku=
„pferstechers Händen, um, seiner Zeit,
„in unserer Muttersprache, davon aus=
„führlich handeln zu können.

„gen, daß, da sich diese Würmer vermuth-
„lich sehr geschwind fortpflanzen, diejenigen,
„so bey kranken Schafen gefunden werden,
„wohl das zweyte und dritte Geschlecht seyn
„können. Mithin können auch diese Abkömm-
„linge, wie es selbst den Menschen in ihren
„Nachkommen wiederfähret, durch das verän-
„derte Quartier, und durch die neue Nah-
„rung, in den Lebern vieles von der erstern
„Natur derer, von denen sie ihren Ursprung
„genommen haben, und die allein in Wasser
„lebten, verlohren haben. Dazu kommt noch,
„daß die Würmer, sowohl bey dem Eintritte
„in die Leber, als bey dem Herausnehmen
„aus derselben, auf einmal eine gar zu grosse
„und plözliche Veränderung leiden.

„Eben so wenig hat ein anderer scheinba-
„rer Einwurf im Grunde etwas zu bedeuten.
„Man könnte sagen, daß, wenn diese Wür-
„mer allezeit, als Wasserwürmer, sich in
„Wassern aufhielten, die Schafe solche Jahr
„aus Jahr ein haben müßten, welches aber
„nur in nassen Jahrgängen zu geschehen pfle-
„ge-

„ ge; und daß wenigſtens diejenigen Schafe,
„ ſo einmal auch nur zwey und drey bekom-
„ men hätten, um ihrer groſſen Vermehrung
„ willen, in kurzer Zeit daran ſterben müßten.

„ Ich begehre nicht in Abrede zu ſtellen,
„ daß nicht zu allen Zeiten in einzeln Scha-
„ fen einzelne Würmer gefunden werden ſoll-
„ ten. Allein, nie als in naſſen Sommern,
„ können ſie ſo häufig ſeyn, daß ſie den Scha-
„ fen ſchnell ſchaden ſollten. Man weiß ja,
„ daß die Waſſerinſecten zu ihrer ſtarken Fort-
„ pflanzung eben einer naſſen und feuchten
„ Witterung bedürfen, und daß hingegen eine
„ trockene und kältere, derſelben Abbruch und
„ Einhalt thut. Wer kann beſtimmen, wie
„ viele Würmer aus dem Magen den Zwölf-
„ fingerdarm vorbey- und durch die übrigen
„ Gedärme fortgehen können, ehe einer und
„ der andere den Weg des allgemeinen Gal-
„ lenganges in die Leber findet; oder wie vie-
„ le jedesmal drauf gehen, ehe einer das ſo
„ verſchiedene Quartier und die neue Nahrung
„ gewohnet wird. Selbſt ein gutes Futter
„ kann

„ kann vieles beytragen, daß diese Würmer
„ weder sich im Leben erhalten, noch sich so
„ gar sehr vermehren, noch daß sie so gar
„ schädlich werden können, als bey nasser,
„ verfaulter und schlamigter Fütterung mög-
„ lich ist.

„ Man nehme an, daß bey ordentlicher
„ oder dürrer Witterung, in einem sumpfig-
„ ten Graben, aus welchem eine Heerde Scha-
„ fe von 100 Stücken zu saufen pflegt, 1000
„ solcher Würmer sich befänden. Man seze,
„ ob es sich wohl schwerlich jemalen so zutra-
„ gen möchte, daß ein jedes Schaf, von die-
„ sen 1000 Würmern zehn durch das Fres-
„ sen und Saufen in sich zöge. Von diesen
„ werden einige gleich im Fressen zerquetschet
„ werden; andere werden im Magen umkom-
„ men; wieder andere den Weg zum allgemei-
„ nen Lebergang nicht finden; mithin kaum
„ zween oder drey in die Leber übergehen; und
„ auch von diesen gewohnet vielleicht kaum ei-
„ ner das neue Quartier und die neue Nah-
„ rung. Ein einzelner Wurm aber, der un-

„ be-

„ befruchtet in die Leber gekommen, wenn er
„ auch darinnen lebendig bleibet, kan den
„ Schafen nie schaden, weniger den Tod ver-
„ ursachen.

„ Man nehme aber einen nassen Sommer
„ an. Die Gräben werden alsdann überall
„ voll Wassers seyn; sie werden austreten;
„ sie werden die niedrigen Wiesen und Felder
„ überschwemmen; die Wasserwürmer, folglich
„ auch die Egelschnecken, werden aller Orten
„ hinkommen; und weil sie allenthalben sum-
„ pfigte Oerter, mithin Aufenthalt und Nah-
„ rung finden; so werden sie auch überall
„ wohnen, und sich fortpflanzen. Die Schafe
„ werden auf allen Wayden und in allen Was-
„ sern Würmer finden; und sie in weit gröf-
„ serer Menge in sich schlucken können, als es
„ bey dürrer Witterung möglich war, da sich
„ diese Würmer nur allein in einem oder dem
„ andern Graben aufhielten. Ueberlegt man
„ hiebey noch dieses, daß sich die Wasserwür-
„ mer in nasser Witterung weit eher und stär-
„ ker vermehren, als bey dürrer; so wird die
„ Sache

„ Sache noch begreiflicher. Eine Anzahl von
„ 1000 Egelschnecken, die sich zu Anfang des
„ Frühlings in einem einigen Graben befunden
„ hatten, werden sich am Ende des Herbsts,
„ in eine Menge von 250 000 000 000 000 die-
„ ser Würmer vermehret, und mit dem ausge-
„ tretenen Wasser an alle sumpfige Oerter aus-
„ gebreitet haben *). Woraus abermalen er-
„ hellet, daß die Schafe von einer so grossen
„ Anzal Würmer in nasser Witterung, eine
„ ganze Menge derselben, statt des einen
„ Wurms in dürrer Witterung, in ihre Lebern
„ bekommen müssen; und die, wenn man, nach
„ obiger Anmerkung, auch noch so viele umkom-
„ „ men

*) „ Man rechne nemlich auf jeden Wurm nur
„ 5 Eyerstöcke, und auf jeden Eyerstock
„ 1000 Eyer; obgleich mancher Wurm
„ wohl 10 Eyerstöcke, und jeder Eyerstock
„ weit über 1000 Eyer hat. Man seze,
„ daß sich die Egelschnecken in der nassen
„ Witterung des Jahrs zweymal paaren;
„ und daß die erste junge Brut von ihnen,
„ auch noch dasselbe Jahr, sich zu paaren
„ und fortzupflanzen tüchtig werde; so wird
„ obige Summe heraus kommen.

„men, und den Lebergang vorbey gehen läſſet,
„gleichwol hinreichend ſeyn werden, den Tod
„zu verurſachen.

„Aus dieſer Anzeige laſſen ſich auch Grün-
„de herleiten, warum manche Schafe an die-
„ſen Würmern ſpäter, manche erſt in 2 oder
„3 Jahren nach dem naſſen Sommer, und
„manche gar nicht daran umkommen. Ich will
„der mancherley Fälle itzo nicht erwähnen, wo
„die Krankheit ſelbſt bey dieſem Schafe ſchnel-
„ler, bey jenem langſamer, überhand nehmen
„kann. Ich will nur ein einiges Exempel an-
„führen. Man nehme 3 gleich geſunde Scha-
„fe. Man laſſe ſie zu einerley Zeit aus einem
„ſumpfigten Graben, wo Egelſchnecken ſind,
„ſaufen, und zwar ſo, daß jedes einen Wurm
„aus demſelben bekomme, doch mit dem Un-
„terſcheide, daß das eine Schaf einen ſolchen
„Wurm erhalte, der ſchon befruchtet iſt; von
„den andern zweyen aber jedes einen, der noch
„nicht befruchtet iſt. Den beyden letztern
„Schafen kann dieſer einzelne Wurm nicht das

„ge-

„ geringste schaden; daher werden sie auch in
„ dem darauf folgenden Winter nicht fallen. Je-
„ nes erstere Schaf aber, das alsobald einen
„ schon befruchteten Wurm bekam, kann sich
„ von demselben, nachdem er seine befruchtete
„ Eyer in der Leber ausgeschüttet hat, gar
„ bald mit einer Anzal von ohngefähr 500000
„ Würmern beschweret fühlen, die ihm noch
„ dasselbe Jahr ganz gewis das Leben rauben
„ werden; ja es wird gleich im Anfange des
„ Winters umkommen. Man nehme hierauf
„ weiters an, daß jene zwey, im vorigen Jah-
„ re übrig gebliebenen Schafe, das folgende
„ Jahr wieder an einem sumpfigten Orte zu
„ gleicher Zeit einen zweyten Wurm zu dem be-
„ kommen, den sie schon von vorigem Jahre
„ her bey sich haben; welches so unmöglich
„ nicht ist, da alle Jahre diese Würmer, ob-
„ gleich in geringer Anzal, in sumpfigten Ge-
„ genden sind. Man seze, daß auch unter die-
„ sen zween Würmern einer wieder befruchtet,
„ der andere aber nicht befruchtet sey; so wird
„ sich dasjenige Schaf, so den befruchteten hat,
„ gar

„ gar bald mit einer Anzal von viel tausend
„ Würmern belästiget finden; das andere aber,
„ so den unbefruchteten bekommen hat, wird
„ erst einige Zeit später, nachdem sich seine
„ Würmer zuvor in der Leber begattet haben,
„ von einer noch grössern Menge Würmer be-
„ schweret werden. Kurz, beyde Schafe wer-
„ den nunmehro eben so, wie jenes vor dem
„ Jahre, durch die Würmer das Leben verlie-
„ ren, nur mit dem Unterschiede, daß auch
„ hier das eine früher, das andere später, um-
„ kommen wird. Dieses Exempel, dünket
„ mich, zeiget überflüßig die Möglichkeit, wie
„ so gar ein und zwey Jahre nach nassen Som-
„ mern die Schafe noch an denen, damals in
„ sich bekommenen Würmern, fallen können.„

Vielleicht hat es ebendieselbe Bewandniß
mit dem geselligen Blasenwurm, welche nach
Bloch's Bericht, mehrentheils in einer Anzal
von drey bis vierhundert, gemeinschaftlich in
einer mit Wasser angefüllten Blase beysammen
sizen. "Sie sind nicht grösser wie der Mohn-
„ saamen, die Blase aber, woran sie sizen,
„ wird

„ wird von verschiednem Umfang angetroffen.
„ Man findet dergleichen Blasen im Gehirn
„ derjenigen Schafe, welche mit der Drehe-
„ krankheit behaftet sind. Ihr Siz ist bisweil-
„ len oben unter der Hirnschale, und ein ander-
„ mal unterwärts nach der Seite zu: im er-
„ stern Falle geht das Schaf in die Runde,
„ und wird ein Dreher, im leztern Fall aber
„ springt es allezeit nach derjenigen Seite
„ hin, wo der Wurm sizt, und wird alsdann
„ ein Springer genannt. Die Wasserblasen
„ im Gehirn waren den Schäfern längst be-
„ kannt: auch Geutebrück *), Zaftfer **) und
„ Ranftler ***) haben die Drehekrankheit die-
„ sen Blasen zugeschrieben; lezterer bemerkte
„ auch zuerst die erwähnten kleinen Körperchen
„ und vermuthet, daß daraus Würmer entstün-
„ den: allein daß sie wirklich Blasenwürmer
„ sind,

*) Gesammleter Unterricht von Schäfereien.
1 Th. S. 277.
**) Unterricht von Zucht und Wartung der
Schafe. S. 98.
***) Anzeige der Leipziger ökonomischen So-
cietät. 1776. S. 20.

„ sind, haben die Herren Leske *) und Gö=
„ tze **) zu gleicher Zeit entdeckt, und hat er=
„ sterer sie in einer eigenen Abhandlung genau
„ beschrieben, und von ihnen eine gute Zeich=
„ nung geliefert. „

Vom Aufenthalt dieser Blasenwürmer in
dem Gehirn nimmt nun zwar Bloch als einen
Beweis an, daß sie angebohren seyen, und
nicht von aussen hineinkommen; allein es be=
weißt nur, daß der Wurmstoff so fein seye, daß
er durch die Blutgefäße gehen kan, und sich
denn da entwickelt, wo er die günstigste Um=
stände für sich antrift. Doch, dem seye wie
ihm wolle, fürchten müssen wir immer, daß die
obbemeldten, nicht einmal nach ihrem ganzen Um=
fang bekannte Unreinigkeiten und fremde Kör=
per der stehenden Wasser irgend einen schlimmen
Einfluß auf die Schafe haben mögen: Man
wird freylich deßhalb grosse gute Wayden nicht
aufge=

---

*) Von dem Drehen der Schaafe. Tab. I.
fig. 1 - 3.

**) Prof. Eberts Anmerkung im Martinet=
schen Catechismus der Natur. 2 Th. S. 98.
(und nun in der Geschichte der Eingewei=
bewürmer.)

aufgeben; es entsteht also die Frage, ob man nicht jenen Uebeln, wo nicht ganz, doch zum Theil abhelfen könne? Ich will einige Vorschläge thun, welche alle ausführbar sind, und aus welchen man denjenigen wählen kan, den man nach dem Land- und andern Umständen am angemessensten findet.

1) Es ist zuverläßig, daß in einem stehenden Wasser sich immer desto mehr Ungeziefer aufhalte, je mehr sich darinnen ernähren kan, und je bequemere Schlupfwinkel sie haben: Ihre Nahrungsmittel sind am Ende immer Pflanzen, welche entweder aus dem Grunde des Sumpfes, oder aus dessen Seitenwänden emporsprossen — Schlupfwinkel haben sie im Schlamm, ebenfalls entweder auf dem Grunde oder an den Seitenwänden. Diesemnach wäre das Pflästern der sogenannten Hulen ein gutes Mittel, das Ungeziefer abzutreiben, oder doch gewiß beträchtlich zu vermindern. Man müßte eben diese gepflästerte Teiche des Jahrs ein oder zweymal ausreinigen und

C aus

ausfegen, damit sie vom Schlamm rein bleiben, sonsten wäre es in einigen Jahren wie vorher.

2) Man könnte versuchen, ob nicht das reichliche Ueberlegen des Bodens mit reinem Sande etwas helfe.

3) In jede Hule würde ich alle 2-3 Wochen einige Pfunde Salz werfen; das Salz ist als ein Reinigungsmittel der Brunnen und Wasser von Elisä Zeiten her bekannt, es kan aber nichts helfen, als Ungeziefer zerstören, in sofern also ist es immer zu empfehlen.

4) Die von Herrn Hofrath vorgeschlagene Vorsichten dienen zu ähnlichem Zwecke.

5) Man kan neben die Hule einen langen Bronnentrog, der gewöhnlich zugedeckt seyn könnte, sezen. In diesen, oder auf diesen stelle man einen oder zwey grosse Butten, oder Zäber, von etlichen Imi. Diese sollen unten im Boden mehrere kleine Löcher haben. Nun füllt man sie über halb voll mit reinem

nem Sand; ehe nun die Schafe getränkt werden, so schöpft ein paar Stunden vorher der Schäferpursch mit einer Wasserschapfe das Wasser aus der Hule, in die Butten oder Zuber hinein, das seigert sich durch den Sand durch, läßt in ihm alle Unreinigkeit und das Ungeziefer zurück, und kommt hell und gut in den Brunnentrog. Müssen doch vornehme Herren und Damen in Paris mit solchem Wasser vorlieb nehmen, und da wird es doch auch für unsere Schafe gut genug seyn.

Die Butten oder Züber müssen mit Elsen gebunden, und der Sand des Jahrs ein -- zweymal frisch genommen werden, auch dulde man im Brunnentrog kein stehendes Wasser, welches dadurch verhütet wird, daß er ein klein wenig abhängig gestellt, und ganz unten mit einem Zugzapfen versehen wird; sobald die Schafe getränkt sind, muß der Schäfer den Zapfen ziehen, und den Trog ganz mit dem Besen auskehren. Eben dieser Brunnentrog, der nicht tief seyn darf, könnte zur Salzlecke dienen, und das Salz vor oder nach dem Tränken darein geworfen werden. Nach diesem wird er wieder zugedeckt, wiewol dieses so ganz nothwendig nicht ist.

Zweyter Einwurf:

„§. 24. halten Sie für besser, wenn die
„Lämmer erst nach der Schur fallen würden.

„Werden aber die trächtigen Schafmütter bey
„der Schur keinen Nachtheil leiden? Wird nicht
„hierbey die widernatürliche Lage derselben, ihre
„oftmalige heftige Bewegung in dieser Lage, ꝛc.
„der Leibesfrucht eine nachtheilige Wendung ge-
„ben, und häufigere unglückliche Geburten verur-
„sachen? Glauben Sie nicht, daß dies die Ursa-
„che seyn mag, warum Schafe, welche des Jah-
„res zweymal lammen, auch zweymal geschoren
„werden?

Diesen Einwurf machte mir auch Herr Ge-
heimde Rath Schwalb: Ich muß gestehen,
ich halte ihn für wichtig; zumal wenn man
die Schäfwasche vor der Schur vorzunehmen

für

für gut findet; aber ich gebe darum mein Project nicht auf, sondern glaube, die S. 24. angeführte Vortheile laſſen ſich dennoch erhalten, wenn der Vorſchlag dahin modificirt wird, daß die Lämmer nicht nach der Schur, ſondern gerade vor der Schur fallen: Auf dieſe Art iſt jenen in dem Einwurf berührten gefährlichen Folgen vorgebogen. Da alsdenn in wenigen Tagen nach dem Gebären die Schafe geſchoren werden, ſo fällt auch das Wollenverſchlucken hinweg, da es in den erſten Tagen nicht ſo leicht geſchiehet, und überhaupt ſolches bey uns nicht ſo häufig vorkommt, als ich S. 38. nach Herr Daubenton angegeben habe.

Der dritte Einwurf iſt auch gegen das Lammen im Sommer gerichtet: "Würden nicht „bey der Sommerwayde ſelbſt eben dieſe Beſorg„niſſe in unſerm Unterlande eintreten, wo die „Heerden durch Schäfer und Hunde um des engen „Waydgangs, und der ſtark angebauten Brache „willen, ſo viel gejagt und gehezt werden müſſen?

Wo dieses Hezen unvermeidlich ist, oder seyn sollte, da geht freylich das Sommerlammen nicht an, wie ich auch S. 39 schon zugegeben habe.

„Ich weiß wohl, daß Sie den leztern Ein-
„wurf dadurch zu heben suchen, daß Sie die
„ganze Brache verbannen wollen. Allein, wenn
„man auch dies könnte, wenn es nur auf einen
„landesherrlichen Befehl hiebey ankäme, so wür-
„de ich doch dazu nicht rathen.

„Ich will hier nicht bemerken, daß durch die
„zelgliche Einrichtung die Ackerbaugeschäften,
„und die gewiß nicht überflüßige Bearbeitung der
„Felder auf das ganze Jahr, wenigstens auf
„zwey Drittheile desselben vertheilt werden; daß
„man also ungleich mehr Zugvieh nöthig haben
„müßte, wenn alles blos im Früh- und Spät-
„jahr gepflügt — wenn aller Dünger, der jezo
„zum Theil ohne Arbeit durch den Pförch auf
„diese Felder kommt, zu Hause gesammlet und
„ausgeführt werden sollte; daß die Erhaltung
„dieser

„dieſer gröſſern Menge Zugvieh den Sommer
„über, ſo, wie die Fütterung der Schafe, meh-
„rere Menſchen erfodern, das wahre Produkt
„der Landwirthſchaft aber ſich nicht nach Ver-
„hältniß des Aufwands vermehren würde; daß
„manche Oberfläche, wenn ſie nicht den Sommer
„über mehrmalen aufgebrochen wird, beſonders
„bey ſehr trockener oder naſſer Witterung zur
„Früh- und Spätjahrs-Zeit, nur ſchlechte Ern-
„den gewähren würde; daß in manchen Feldern,
„wenn ſolche nicht mehrmalen gepflügt — nicht
„mit Schafen bewaydet — wann die ſchlecht ge-
„rathene Futterkräuter um der Nachbarn willen
„nicht umgeſtürzt werden können, das Unkraut
„allzuſehr überhand nehmen würde. Alle dieſe,
„und noch mehrere Umſtände, welche ich gegen
„die allgemeine Abſchaffung der Braache anfüh-
„ren könnte, will ich jezo übergehen, und nur bey
„der Schafzucht allein ſtehen bleiben.

„Glauben Sie wirklich, daß die Schafzucht
„vollkommen gut beſtehen würde, wenn die Som-
„merwayden ganz aufgehoben werden ſollten?

„Daß

„Daß breitblätteriger Klee, (dann dessen Anbau
„allein kan mit dem Getraidebau in genaue Ver-
„bindung gesezt werden,) daß Dikrüben und was
„für andere nicht perennirende Futterpflanzen et-
„wa noch vorgeschlagen werden möchten, den Ab-
„gang der zarten gesunden Gräser und Kräuter,
„welche die Schafe auf den Sommerwayden,
„besonders auf der Braache, obgleich sparsam
„finden, auch in Absicht auf die Gesundheit die-
„ser Thiere, vollkommen ersezen werden?

„Besorgen Sie nicht, daß in nassen Jahren
„der Klee, der in seinen Bestandtheilen ohnehin
„mehr Wasser als manche andere Pflanze hat,
„auf dessen Blättern eine grössere Menge Regen-
„wasser als auf schmalen aufrecht stehenden
„Gräsern hängen bleibt, daß dieses Futter, sage
„ich, den Schafen, welche so wenig Feuchtig-
„keit bedarfen, schädlich werden müsse?

„Mir wenigstens kommen diese Bedenklichkei-
„ten immer wichtig für; und ich muß gestehen,
„daß ich der schönen Schubartischen und so vieler
„anderer Schriften ohngeachtet, doch noch immer
„zweifle,

„zweifle, ob es nüzlich sey die Braache, nicht
„zu vermindern, denn dies ist immer gut, son-
„dern ganz abzuschaffen.

„Selbst das Beyspiel der Engelländer über-
„zeugt mich nicht. Denn alles, was wir von ih-
„rer Schaf-Fütterung ohne eigentliche Wayde
„lesen, geht nur diejenige Grafschaften an, in
„welchen Schafe gehalten und fett gemacht —
„nicht aber in Menge gezogen werden. Die Pach-
„ter kaufen den grösten Theil dieser nüzlichen
„Thiere in andern Gegenden auf, wo Wayde
„genug, so viel, ja noch mehr als bey uns ist.
„Selbst in der Nähe der Hauptstadt finden sich
„grosse, mit Schafheerden bedeckte Hayden.
„Dies sind die eigentliche Pflanzschulen, aus
„welchen der Abgang der fettgemachten Waare
„wieder ersezt wird. In diesen Gegenden muß
„man also den wahren eigentlichen Siz der eng-
„lischen Schafzucht, nicht aber dort suchen, wo
„die Felder eingeschlossen sind, wo alles Acker-
„oder Grasland ist, wo die Schafe, junge und
„alte, mit Futterkräutern, mit Turnips, mit
„weissen und Mohrrüben ꝛc. ꝛc. gemästet werden.

„Gesezt

„Gesezt aber auch, die Sommerwayde der
„Schafe könnte leicht und mit Vortheil vollkom=
„men abgeschaft werden. Wie wollen Sie die
„Gemeinds = Heerden behandlen, an welchen
„viele, manchmal einige hundert Bürger Theil
„haben? Soll jeder Eigenthümer seine wenigen
„Schafe besonders eingeschlossen halten, oder soll
„die ganze Heerde beysammen bleiben? Wie
„und von wem soll sie im lezteren Falle den Som=
„mer über gefüttert werden? Nach welchem Ty=
„po wollen Sie nemlich die Gebür eines jeden
„an der täglichen Fütterung bestimmen? Soll
„es dem Gewicht nach gehen, wer wird das Wä=
„gen verrichten, und welche Anstände werden
„sich nicht wegen der Gattung des Futters, we=
„gen dessen Benezung vom Regen und dadurch
„vermehrten Gewichts, ꝛc. ꝛc. ergeben?

„Soll aber auf jedes Stück eine gewisse An=
„zal Ruthen Kleefelds ausgesezt werden, welche
„grosse Anstände und Streitigkeiten müssen sich
„nicht wegen der Qualität des Felds, dessen
„Entfernung von dem Futterplaz u. d. m. er=
„eignen?

„Geht

„Geht aber Ihre Meynung dahin, daß jeder
„Eigenthümer seine Schafe für sich besonders
„einschliessen und besorgen solle, was für Unord-
„nungen werden auch hier entstehen, wie schlecht,
„wie wenig reinlich werden viele dieser Thiere
„gehalten werden, wenn der Besizer, wie es in
„unsern so enge gebauten Dörfern häufig zu ge-
„schehen pflegt, keinen freyen Plaz bey seinem
„Hause hat, wenn er sie also im Stall bey sei-
„nem andern Vieh, vielleicht bey seinen Schwei-
„nen halten muß? Wird nicht dadurch alle Ver-
„besserung der Wolle vereitelt, und gehört nicht
„bey weitem der gröste Theil der Schafe im
„Lande den Gemeinden?

„Ich bin kein Freund der grossen Braachfel-
„der, aber ich kan mich eben nicht überzeugen,
„daß deren gänzliche Abschaffung bey uns
„möglich, daß sie auch in anderen Ländern, wo
„die Schäfereyen nicht den Unterthanen, sondern
„den Herrschaften gehören, nüzlich seyn könne.
„Vermindern kan man diese Braache wohl, man
„kan einen Theil derselben mit Futterkräutern
„an-

„anbauen. Dies geschieht häufig bey und im Un-
„terlande, und die Schäfereyen leiden dabey
„nicht; vielmehr gewinnen sie. Bietigheim giebt
„hievon einen überzeugenden Beweis. Daselbst
„habe ich im Jahr 1780 auf Serenifs. inme-
„diaten Befehl eine Einrichtung gemacht, nach
„welcher jeder Innwohner einen verhältnißmäßi-
„gen Theil seiner Braache mit Klee bepflanzen
„darf, der Schäfer aber, weil dadurch der
„Trieb beengt wird, kleinere Haufen führen,
„mithin einen Knecht weiter aufstellen muß,
„und die Folge war, daß die Gemeinds-Vor-
„stehere, welche zuvor keinen Klee bauen lassen
„wollten, weil nach ihrem Vorgeben ihre 800
„St. Schafe nicht mehr Nahrung genug haben
„würden, daß diese nemlichen Vorsteher, sage
„ich, 2 Jahre hernach die Erlaubnis nachsuch-
„ten, 200 Schafe weiter aufzuschlagen.

„Aber hieraus folgt noch nicht, daß es nüz-
„lich gewesen wäre, wann man alle Brache ab-
„geschaft hätte.

„Ja

In diesen Betrachtungen sind mehrere Sä-
ze und Fragen enthalten, auf welche ich ant-
worten will:

1) Etwas mehr Zugvieh müßte man freylich
wohl haben, aber man hätte auch dessen
Subsistenz bey Abschaffung der Brache ge-
wonnen, und also würde auch mehr Dünger erzeugt werden.

2) Wo Zellglich gebaut wird, da geht das
Schafwaiden auf der Brache wohl an, und
ich gebe gerne zu, daß die Schafe nach
dem Umstürzen des Ackers sowol, als sonsten die natürliche Ausjäter des Unkrauts
sind, und also, wo Feld genug ist, diese
Anstalt wohl bestehen könne, auch wird in
solchen Gegenden das Sommerlammen keine Schwierigkeit haben. Wo aber gebaute
und brachliegende Aecker untereinander zer-
streut seyn, als welches eben jenes Hezen
der Schafe nöthig macht, da wünschte ich
allerdings die Brache ganz abgeschaft; sollte

te denn das, was in Bietigheim so wohl angeschlagen, nicht auch durchaus angehen? Und wenn denn das Anbauen der Braache schädlich wäre, warum hat man sich bey Anbauung eines Theils derselben so gut befunden? Hier darf man doch wohl vom Kleinern auf das Grössere schliessen.

3) Die Sommerwayden überall abzuschaffen, ware nie mein Gedanke, ich schlage ja selbst die Schuppen auf den grossen Alpwayden vor, ja ich glaube, daß selbst die Wollen-Veredlung ohne eine freye, gute, luftige, bergigte, trockene Wayde, auf welchen die den Schafen angemessene Grasarten von selbst wachsen, nicht bestehen könne. Aber wo die Schafe bloß auf den Brachen und solchen Bettelwayden umgetrieben werden, da wäre es zuverlässig sowohl für den Schafstand als für die Eigenthümer der Aecker besser, wenn die Schaffütterung eingeführt würde. Das Bebauen einiger Morgen der Wayde selbst nach Verhältniß der Grösse derselben und der Anzahl der

der Schafe wäre nur eine Zubuße, und etwas über Mittag in den 5 - 6 Frühestunden unter dem Schuppen.

4) Was die Nässe des Klees betrift, so wäre ich niemalen dafür, daß man ihn abwayden laſſen ſollte, ſondern man müſte ihn abmähen, abwelken laſſen, und denn erſt nach Verfluß von 12 oder mehreren Stunden im Stall, oder auf dem Freyplaz verfüttern, wie ich S. 24 angegeben habe.

5) Die Gemeindsheerden müſten meines Erachtens auch bey der Stallfütterung beyſammen bleiben, und von einem Schäfer wie bißhero beſorgt werden. Die Fütterung wird zum Stalle gebracht, die Brachäcker müßten der Reihe nach, an beſtimmten Tagen abwechſlungsweiſe ihr Contingent liefern. Mein Typus wäre etwa dieſer: Wenn in einem Dorfe 600 Morgen Acker wären, ſo kämen des Jahrs ungefehr 200 in die Braach, oder würden vielmehr mit Futterkräutern angebaut, und einſtweilen zur künſt-

künſtlichen Wieſe gemacht. Von dieſen 200 Morgen wird ſo viel Klee abgegeben, als zu der Anzahl Schafe hinreicht, welche vorhin das Recht hatte, auf den Aeckern zu wayden: Will man mehr Klee aufwenden, ſo können auch mehr Schafe aufgeſchlagen werden. Nun iſt die Frage, wie viel Klee wird auf ein Stück ungefehr erfordert? Nach Daubentons Angabe erheiſcht ein Schaf täglich acht Pfund Gras, alſo, da der Klee viel Waſſer hat, etwa zehn Pfund Klee. Nun kan man freylich den Klee weder nach dem Gewicht abmähen, noch nach ſolchem austheilen, ſondern: Man müſte vor allen Dingen alle Frühjahr beſtimmen, wie viel Klee den nächſten Sommer über, auf den damit dißmal angebauten Aeckern überhaupt wachſen dürfte? Dieſes Quantum kan nach Tüchern, oder Plündern, von den Feldverſtändigen geſchäzt werden, und da man nur 8 - 10 Plünder wägen dürfte, ſo wäre die Mittelzahl, wie viel ein ſolcher wigt,

bald,

bald, und zwar einmal für allemal gefunden, auch wüßte man auf diese Art, wie viele Schafe von einem Morgen erhalten werden könnten. Dieses zu hoffende Quantum wird mit der Anzahl der aufgeschlagenen Schafe verglichen, und alsdenn ist die Rechnung leicht zu machen, wie viel der Morgen Acker im Durchschnitt abgeben müsse, ob den zehenten oder den achten Theil, oder noch mehr? Man müßte hier zu Gunsten der Schafe etwas reichlich rechnen. Ein jeder aber hätte also sein, schon im Frühjahr gestektes Ziel, welches so viel davon abzeichnete, als der Erfordernis gemäß ist: Ich würde hiebey im Einzelnen nicht auf die verschiedene Güte oder den mehrern oder mindern Ertrag der Aecker sehen, sondern im Durchschnitt den zehenden oder achten Theil vom Guten, wie vom Schlechten nehmen, welches auch der natürlichen Billigkeit gemäß ist. Die Entfernung würde auch keine Schwierigkeit machen; entweder müßte der Klee

D   mit

mit einem zur Schäferey gehörigen Fuhrwerke, welches aber nur bey grossen Schäfereyen anglenge, herbeygeschaft werden, oder jeder Bauer trägt oder führt mit seinen Pferden oder Ochsen den Klee herbey: wobey aber dennoch, von der Schäferey jemand bey dem Abmähen zugegen seyn müßte, damit der Bauer nicht betrüge.

Ueberhaupt aber wird doch in den meisten Orten noch nebenher eine würkliche, wenn schon kleine Schafwayde seyn, auf dieser müßte alsdenn entweder des Morgens, oder, wenn man es besser befände, des Abends gewaydet werden, die übrige Zeit aber behielte man die Schafe im oder am erbauten Schuppen, wo sie mit dem zugeführten Klee gefüttert werden, als welcher ganz allein zu Futter gegeben, nicht wohl anschlagen dürfte; wo aber dennoch nichts anders vorhanden wäre, so müßte er mit etwas dürrem Futter oder geschnittenem Stroh vermengt, und den Schafen das Schafpulver §. 20. fleissig gegeben werden.

Fünfter

Fünfter Einwurf.

„ S. 57. Sagen Sie, es wäre gut, wenn
„ man fremde Mutter=Schafe kommen lassen
„ würde, die Vereblung des Schaf=Stam-
„ mens könnte dadurch schneller bewürkt werden.

„ Auch hiebey habe ich noch einigen Zwei-
„ fel. Jedes Thier, wenn es in ein anderes
„ Land gebracht wird, wenn es ein anderes
„ Klima, anderes Futter, Wasser ꝛc. ꝛc. ge-
„ wohnen muß, wird weniger oder mehr lei-
„ den, je nachdem die Veränderung groß ist.
„ Seine Leibesfrucht wird schon in utero,
„ wird als Säugling an diesem leidenden
„ Zustand Theil nehmen, wird vielleicht in
„ seiner Organisation Fehler haben, welche
„ zwar dem Auge des genauesten Beobachters
„ entgehen, aber doch auf seine weitere Zucht
„ einen wichtigen Einfluß haben können. Ist
„ es also nicht sicherer, daß man die Müt-
„ tern aus der Land=Race wählt? Bisher we-
„ nigstens hat man nur durch ausländische
„ Hengste edlere Racen dauerhaft fortge-
„ pflanzt. „

Diß Argument beweißt wohl zu viel, und könnte auch auf die Stähre angewandt werden: Die Hauptschwierigkeit wäre immer der hohe Ankauf solcher edler Mutterschafe, und darum habe ich derselben auch nur im Vorübergehen gedacht.

Sechster Einwurf.

"S. 66. gefällt mir der Vorschlag nicht,
„daß die Besizer feinhäriger Widder oder
„Stähre, sich die besten männlichen Lämmer
„von den befruchteten fremden Heerden vor-
„behalten sollen. Dies würde zu unzählba-
„ren Betrügereyen und Strittigkeiten Anlaß
„geben, da kein Schäferey-Besizer Lämmer
„von dieser Qualität gern abgeben würde.
„In unserer Beschell-Ordnung ist auch ein
„Passus dieser Art. Die Herrschaft hat sich
„nemlich das Recht vorbehalten, von den
„mit Herrschaftlichen Hengsten befruchteten
„Stuten die Vohlen, welche ihro anständig seyn
„werden, nicht unentgeldlich, sondern nur um
„einen festgesezten Preis hinwegzunehmen;
„und

„ und doch haben wir es dieser Verordnung
„ hauptsächlich zuzuschreiben, daß unsere Land-
„ leute nicht den gehörigen Muth zu der nüz-
„ lichen Pferdezucht haben. „

Eingestanden, daß unsere Pferdezucht auch darum nicht gedeihen und sich emporschwingen könne, weil der Bauer nicht sicher ist, ob er sein gezogenes Füllen behalten werde oder nicht? so ist doch der Fall mit dem, daß die Herrschaft oder Societät die besten Stährlämmer hinwegnehmen solle, um in Possession der Ritt-Anstalt zu bleiben, schlechterdings nicht einerley:

1) Ist nur von veredelten Stährlämmern die Rede, so viel nemlich zur Zucht erfordert werden; wenn also z. B. 100 Lämmer fallen, so werden hievon nicht mehr als 4-5 genommen, die übrige 95 gehören dem Eigenthümer, damit frey zu handeln, nur daß er die Stährlämmer alle hammlen lassen müsse, aus Furcht, die ganze Anstalt gehe wieder zu Grunde, sobald es erlaubt ist, eigenmächtig Stähre aufzustellen.

ſtellen. Folglich verliert er, wenn es anderſt Verluſt iſt, 4-5 Procent, der Bauer aber ſein ganzes Jahres-Produkt an dem Füllen.

2) Da die Stähre drey Jahre gute Dienſte thun, ſo iſt nicht einmal eine alljährige Auswahl nöthig, und da könnte es wohl bey zwey vom Hundert ſein Bewenden haben, wenigſtens in den folgenden Jahren.

3) Wenn auch das noch zu beſchwerlich ſeyn ſollte, wie ich kaum glaube, ſo iſt hier eben das Geſez der Nothwendigkeit vorhanden, wenn man anders ſeine eigene Stähre benuzen will, es wäre dann, man wollte nach dem Beyſpiel der Engliſchen Stuttereyen alljährlich, oder alle zwey Jahre mit Spaniſchen Stähren recrutiren, welches freylich beſſer ſeyn dürfte, wenn man anders es nicht für allzukoſtbar findet.

Noch einem Einwurf muß ich begegnen, welcher darinnen beſteht: "Die Spaniſche Ba„ ſtarte ſeyen kleiner, als unſere jezige Schafe, „ und

„ und ertragen alſo weniger Wolle, und ſeyen
„ auch beym Verkauff an den Mezger von min=
„ derem Werth. „ Dieſes zugegeben, ſo iſt es
ein bloß eingebildeter Schaden; iſt das Schaf
kleiner, ſo gebraucht es auch weniger Wayde
und Winter = Fütterung. Folglich kan man auf
derſelben Wayde, und mit ebendemſelben Win=
terfutter eine gröſſere Anzahl erhalten, und
der Woll = Ertrag, und die Summe des Erlö=
ſes aus der gröſſern Heerde wird am Ende
gleich ſeyn.

Im vierten Monat des Jahrs
1785.